먼 후일

김소월

와이 앤 엠

차례

진달래꽃-12

접동새-14

개여울-17

가는 길-19

길-20

왕십리-22

산유화-24

고적한 날-26

구름-28

금잔디-30

님의 노래-31

님에게-33

먼 후일-35

봄밤-36

공원의 밤-37

엄마야 누나야-38

널-39

못 잊어-41

춘향과 이도령-43

첫사랑-45

초혼-47

예전엔 미처 몰랐어요-50

부모-51

맘에 속의 사람-52

풀따기-54

해가 산마루에 저물어도-56

부헝새-58

바리운 몸-59

팔베개 노래-60

기회-64

옷과 밥과 자유-65

옛 이야기-67

자나 깨나 앉으나 서나-69

거친풀 흐트러진 모래동으로-70

서울 밤-73

삼수갑산-79

삭주구성-81

산-84

바닷가의 밤-86

무심-89

밭고랑 위에서-91

무덤-93

상쾌한 아침-95

꿈자리-97

만리성-101

황촉불-102

가시나무-103

꿈꾼 그 옛날-104

꿈으로 오는 한 사람-105

눈 오는 저녁-107

꿈-109

제비-110

담배-111

실제-113

잊었던 밤-115

봄비-116

비단 안개-117

기억-119

그를 꿈군 밤-121

여자의 냄새-122

가을 아침에-124

가을 저녁에-126

옛낯-128

꿈-129

낙천-130

눈-131

남의 나라 땅-132

천리만리-133

어부-134

생과사-135

맘에 있는 말이라고 다
할까보냐-136

나의 집-139

새벽-141

물마름-143

바라건대 우리에게 우리의 보습대
일 땅이 있었다면-149

저녁때-151

열락-152

찬 저녁-153

여수-155

집생각-157

부귀공명-159

무신-160

꿈길-161

사노라면 사람은 죽는 것을-162

하다 못해 죽어 달래가 옳나-164

희망-166

나는 세상 모르고 살았노라-167

강촌-168

그리워-169

낭인의 봄-170

야의 우적-173

장별리-175

가는 봄 3월-177

길손-179

눈물이 쉬루르 흘러납니다-181

어려 듣고 자라 배워 내가 안

것은-183

돈과 밥과 맘과 들-186

해 넘어가기 전 한참은-193

고 만두풀 노래를 가져 월탄에게

드립니다-196

대수풀 노래-199

고락-203

고향-210

마음의 눈물-215

외로운 무덤-218

진달래꽃

나 보기가 역겨워
가실 때에는
말없이 고이 보내드리 우리다.

영변에 약산
진달래꽃
아름 따다 가실 길에 뿌리우리다.

가시는 걸음걸음

놓인 그 꽃을

사뿐히 즈려밟고 가시옵소서.

나 보기가 역겨워

가실 때에는

죽어도 아니 눈물 흘리우리다.

접동새

접동
접동
아우래비 접동

진두강 가람가에 살던 누나는
진두강 앞마을에
와서 웁니다.

옛날. 우리나라
먼 뒤쪽의
진두강 가람가에 살던 누나는
의붓어미 시샘에 죽었습니다.

누나라고 불러보랴
오오, 불설워
시새움에 몸이 죽은 우리 누나는
죽어서 접동새가 되었습니다.

아홉이나 남아 되던 오랩동생을
죽어서도 못 잊어 차마 못 잊어
야삼경 남 다 자는 밤이 깊으면
이 산 저 산 옮아가며 슬피 웁니다.

개여울

당신은 무슨 일로
그리합니까?
홀로이 개여울에 주저앉아서

파릇한 풀포기가
돋아 나오고
잔물은 봄바람에 헤적일 때에

가도 아주 가지는
않노라시던
그러한 약속이 있었겠지요.

날마다 개여울에
나와 앉아서
하염없이 무엇을 생각합니다.

가도 아주 가지는
않노라심은
굳이 잊지 말라는 부탁인지요.

가는 길

그립다
말을 할까
하니 그리워

그냥 갈까
그래도
다시 더 한번....

저 산에도 까마귀, 들에 까마귀,
저 산에는 해 진다고
지저귑니다.

앞 강물, 뒷 강물.
흐르는 물은
어서 따라 오라고 따라 가자고
흘러도 연달아 흐릅디다려.

길

어제도 하로밤
나그네 집에
가마귀 가왁가왁 울며 새었소.

오늘은
또 몇 십 리
어디로 갈까.

산으로 올라갈까
들로 갈까
오라는 곳이 없어 나는 못 가오.

말 마소, 내 집도
정주 곽산
차 가고 배 가는 곳이라오.

여보소, 공중에

저 기러기

공중엔 길 있어서 잘 가는가?

여보소, 공중에

저 기러기

열십자 복판에 내가 섰소

갈래갈래 갈린 길

길이라도

내게 바이 갈 길은 하나 없소.

왕십리

비가 온다.
오누나
오는 비는
올지라도 한 닷새 왔으면 좋지.

여드레 스무 날엔
온다고 하고
초하루 삭망이면 간다고 했지.
가도 가도 왕십리 비가 오네.

웬걸, 저 새야.
울려거던
왕십리 건너가서 울어나다고
비 맞아 나른해서 벌새가 운다.

천안에 삼거리 실버들도
촉촉이 젖어서 늘어졌다네.
비가 와도 한 닷새 왔으면 좋지.
구름도 산마루에 걸려서 운다.

산유화

산에는 꽃 피네.
꽃이 피네.
갈 봄 여름 없이
꽃이 피네.

산에
산에
피는 꽃은
저만치 혼자서 피어 있네.

산에서 우는 작은 새요.
꽃이 좋아
산에서
사노라네.

산에는 꽃 지네.
꽃이 지네.
갈 봄 여름 없이
꽃이 지네.

고적한 날

당신 님의 편지를
받은 그날로
서러운 풍설이 돌았습니다.

물에 던져달라고 하신 그 뜻은
언제나 꿈꾸며 생각하라는
그 말씀인 줄 압니다.

흘려 쓰신 글씨나마

언문 글자로

눈물이라고 적어 보내셨지요.

물에 던져달라고 하신 그 뜻은

뜨거운 눈물 방울방울 흘리며,

맘 곱게 읽어달라는 말씀이지요.

구름

저기 저 구름을 잡아타면
붉게도 피로 물든 저 구름을,
밤이면 새캄한 저 구름을.
잡아타고 내 몸은 저 멀리로
구만 리 긴 하늘을 날아 건너
그대 잠든 품속에 안기렸더니,

애스러라, 그리는 못한대서,

그대여, 들으라 비가 되어

저 구름이 그대한테로 내리거든,

생각하라, 밤저녁, 내 눈물을.

금잔디

잔디
잔디
금잔디
심심산천에 붙는 불은
가신 님 무덤가에 금잔디.
봄이 왔네, 봄빛이 왔네.
버드나무 끝에도 실가지에
봄빛이 왔네, 봄날이 왔네.
심심산천에도 금잔디에.

님의 노래

그리운 우리 님의 맑은 노래는
언제나 내 가슴에 젖어 있어요.

긴 날을 문밖에서 서서 들어도
그리운 우리 님의 고운 노래는
해지고 저물도록 귀에 들려요.
밤들고 잠들도록 귀에 들려요.

고이도 흔들리는 노래 가락에
내 잠은 그만이나 깊이 들어요.
고적한 잠자리에 홀로 누워도
내 잠은 포스근히 깊이 들어요

그러나 자다 깨면 님의 노래는
하나도 남김없이 잃어 버려요.
들으면 듣는 대로 님의 노래는
하나도 남김없이 잊고 말아요.

님에게

한때는 많은 날을 당신 생각에
밤까지 새운 일도 없지 않지만
아직도 때마다는 당신 생각에
축없은 베갯가의 꿈은 있지만

낯모를 딴 세상의 네길거리에
애달피 날 저무는 갓 스물이요.
캄캄한 어두운 밤 들에 헤매도
당신은 잊어버린 설움이외다.

당신을 생각하면 지금이라도
비 오는 모래밭에 오는 눈물의
축업운 베갯가의 꿈은 있지만
당신은 잊어버린 설움이외다.

먼 후일

먼 훗날 당신이 찾으시면
그때에 내 말이 '잊었노라'

당신이 속으로 나무라면
무척 그리다가 잊었노라'

그래도 당신이 나무라면
'믿기지 않아서 잊었노라'

오늘도 어제도 아니 잊고
먼 훗날 그때에 '잊었노라'

봄밤

실버드나무의 거무스레한 머리결인 낡은 가지에
제비의 넓은 깃 나래의 감색 치마에
술집의 창 옆에, 보아라, 봄이 앉았지 않는가.

소리도 없이 바람은 불며, 울며, 한숨지어라
아무런 줄도 없이 섧고 그리운 새카만 봄밤
보드라운 습기는 떠돌며 땅을 덮어라.

공원의 밤

백양가지에 우는 전등은 깊은 밤의 못물에
어렷하기도 하며 아득하기도 하여라.
어둡게 또는 소리 없이 가늘게
줄줄의 버드나무에서는 비가 쌓일 때.

푸른 하늘은 낮은 듯이 보이는 긴 잎 아래로
마주앉아 고요히 내리깔리던 그 보드라운 눈길!
인제, 검은 내는 떠돌아오라 비구름이 되어라
아아 나는 우노라 '그 옛적의 내 사람!'

엄마야 누나야

엄마야 누나야 강변 살자.
뜰에는 반짝이는 금모래빛
뒷문 밖에는 갈잎의 노래
엄마야 누나야 강변 살자.

널

성촌의 아가씨들
널 뛰노나
초파일날이라고
널을 뛰지요

바람 불어요.
바람이 분다고!
담 안에는 수양의 버드나무
채색 줄 충충 그네 매지를 말아요

담 밖에는 수양의 늘어진 가지
늘어진 가지는
오오 누나!
휘젓이 늘어져서 그늘이 깊소

좋다 봄날은
몸에 겹지
널뛰는 성촌의 아가씨네들
널은 사랑의 버릇이라오

못 잊어

못 잊어 생각이 나겠지요,
그런대로 한 세상 지내시구려,
사노라면 잊힐 날 있으리다.

못 잊어 생각이 나겠지요.
그런대로 세월만 가라시구려,
못 잊어도 더러는 잊히오리다.

그러나 또한긋 이렇지요,
'그리워 살뜰히 못 잊는데,
어쩌면 생각이 떠지나요?

춘향과 이도령

평양에 대동강은
우리나라에
곱기로 으뜸가는 가람이지요.

삼천 리 가다가다 한가운데는
우뚝한 삼각산이
솟기도 했소.

그래 옳소 내 누님, 오오 누이님
우리나라 섬기던 한 옛적에는
춘향과 이도령도 살았다지요.

이편에는 함양, 저편에는 담양.
꿈에는 가끔가끔 산을 넘어
오작교 찾아찾아 가기도 했소.

그래 옳소 누이님 오오 내 누님
해 돋고 달 돋아 남원 땅에는
성춘향 아가씨가 살았다지요.

첫사랑

아까부터 노을은 오고 있었다.
내가 만약 달이 된다면
지금 그 사람의 창가에도
아마 몇 줄기는 내려지겠지.

사랑하기 위하여
서로를 사랑하기 위하여
숲속의 외딴집 하나
거기 초록빛 위 구구구
비둘기 산다.

이제 막 장미가 시들고
다시 무슨 꽃이 피려한다.

아까부터 노을은 오고 있었다.
산 너머 갈매 하늘이
호수에 가득 담기고
아까부터 노을은 오고 있었다.

초혼

산산이 부서진 이름이여!
허공중에 헤어진 이름이여!
불러도 주인 없는 이름이여!
부르다가 내가 죽을 이름이여!

심중에 남아 있는 말 한마디는
끝끝내 마저 하지 못하였구나.
사랑하던 그 사람이여!
사랑하던 그 사람이여!

붉은 해는 서산마루에 걸리었다.
사슴이의 무리도 슬피 운다.
떨어져 나가 앉은 산 위에서
나는 그대의 이름을 부르노라.

설움에 겹도록 부르노라.
설움에 겹도록 부르노라.
부르는 소리는 비껴가지만
하늘과 땅 사이가 너무 넓구나.

선 채로 이 자리에 돌이 되어도
부르다가 내가 죽을 이름이여!
사랑하던 그 사람이여!
사랑하던 그 사람이여!

예전엔 미처 몰랐어요

봄, 가을 없이 밤마다 돋는 달도
'예전엔 미처 몰랐어요'

이렇게 사무치게 그리울 줄도
예전엔 미처 몰랐어요.

달이 암만 밝아도 쳐다볼 줄을
' 예전엔 미처 몰랐어요'

이제금 저 달이 설움인 줄은
예전엔 미처 몰랐어요.

부모

낙엽이 우수수 떨어질 때,
겨울의 기나긴 밤,
어머님하고 둘이 앉아
옛이야기 들어라.

나는 어쩌면 생겨나와
이 이야기 듣는가?
묻지도 말아라, 내일날에
내가 부모 되어서 알아보랴?

맘에 속의 사랑

잊힐 듯이 볼 듯이 늘 보던 듯이
그립기도 그리운 참말 그리운
이 나의 맘에 속에 속모를 곳에
늘 있는 그 사람을 내가 압니다.

인제도 인제라도 보기만 해도
다시 없이 살뜰할 그 내 사람은
한두 번만 아니게 본 듯하여서
나자부터 그리운 그 사람이요.

남은 더 어림없다 이를지라도
속에 깊이 있는 것 어찌하는가,
하나 진작 낯모를 그 내 사람은
다시 없이 알뜰한 그 내 사람은..

나를 못 잊어하여 못 잊어하여
애타는 그 사랑이 눈물이 되어,
한끝 만나리 하는 내 몸을 가져
몹쓸음을 둔 사람, 그 나의 사람?

풀따기

우리 집 뒷산에는 풀이 푸르고
숲 사이의 시냇물, 모래 바닥은
파아란 풀 그림자, 떠서 흘러요.

그리운 우리 님은 어디 계신고,
날마다 피어나는 우리 님 생각.
날마다 뒷산에 홀로 앉아서
날마다 풀을 따서 물에 던져요.

흘러가는 시내의 물에 흘러서
내어던진 풀잎은 옅게 떠갈 제
물살이 해적해적 품을 헤쳐요.

그리운 우리 님은 어디 계신고,
가엾은 이내 속을 둘 곳 없어서
날마다 풀을 따서 물에 던지고
흘러가는 잎이나 맘해 보아요.

해가 산마루에 저물어도

해가 산마루에 저물어도
내게 두고는 당신 때문에 저뭅니다.

해가 산마루에 올라와도
내게 두고는 당신 때문에 밝은 아침이라
고 할 것입니다.

땅이 꺼져도 하늘이 무너져도
내게 두고는 끝까지 모두다 당신 때문
에 있습니다.

다시는, 나의 이러한 맘뿐은, 때가 되면
그림자같이 당신 테로 가우리다.

오오, 나의 애인이었던 당신이여.

부헝새

간밤에
뒤창 밖에
부헝새가 와서 울더니,
하루를 바다 위에 구름이 캄캄.
오늘도 해 못 보고 날이 저무네.

바리운 몸

꿈에 울고 일어나
들에
나와라.

들에는 소슬비
머구리는 울어라.
풀 그늘 어두운데
뒷짐 지고 땅 보며 머뭇거릴 때.

누가 반딧불 꾀어드는 수풀 속에서
간다. 잘 살아라.' 하며 노래 불러라.

팔베개 노래

첫날에 길동무
만나기 쉬운가
가다가 만나서
길동무 되지요

가장 님만 님이랴
정들면 님이지
한평생 고락을
다짐 둔 팔베개.

첫닭아 꼬꾸요
목 놓지 말아라
내 품에 안긴 님
단꿈이 깰리라.

오늘은 하룻밤
단잠의 팔베개
내일은 상사의
거문고 베개라.

조선의 강산아
네 그리 좁더냐.
삼천리 서도를
끝까지 왔노라.

집 뒷산 솔버섯
다투던 동무야
어느 뉘 가문에
시집을 갔느냐.

공중에 뜬 새도
의지가 있건만
이 몸은 팔베개
뜬풀로 돌지요.

기회

강 위에 다리는 놓였던 것을!
나는 왜 건너가지 못했던가요.
'때'의 거친 물결은 볼 새도 없이
다리를 무너치고 흐릅니다려.

먼저 건넌 당신이 어서 오라고
그만큼 부르실 때 왜 못 갔던가?
당신과 나는 그만 이편저편서,
때때로 울며 바랄 뿐입니다려.

옷과 밥과 자유

옷과 밥과 자유
공중에 떠다니는
저기 저 새요.
네 몸에는 털 있고 깃이 있지.

밭에는 밭곡식

논에는 물벼

눌하게 익어서 숙으러졌네!

초산 지나 적유령

넘어선다.

짐 실은 저 나귀는 너 왜 넘니?

옛 이야기

고요하고 어두운 밤이 오면은
어스레한 등불에 밤이 오면은
외로움에 아픔에 다만 혼자서
하염없는 눈물에 저는 웁니다.

제 한 몸도 예전엔 눈물 모르고
조그마한 세상을 보냈습니다.
그때는 지난 날의 옛이야기도
아무 설움 모르고 외웠습니다.

그런데 우리 님이 가신 뒤에는
아주 저를 버리고 가신 뒤에는
전날에 제게 있던 모든 것들이
가지가지 없어지고 말았습니다.

그러나 그 한때에 외워두었던
옛이야기만은 남았습니다.
나날이 짙어가는 옛이야기는
부질없이 제 몸을 울려줍니다.

자나 깨나 앉으나 서나

자나 깨나 앉으나 서나
그림자 같은 벗 하나이 내게 있었습니다.

그러나, 우리는 얼마나 많은 세월을
쓸데없는 괴로움으로만 보내었겠습니까!

오늘은 또다시, 당신의 가슴속, 속 모를 곳을
울면서 나는 휘저어 버리고 떠납니다그려.

허수한 맘, 둘 곳 없는 심사에 쓰라린 가슴은
그것이 사랑, 사랑이던 줄이 아니도 잊힙니다.

거친 풀 흐트러진 모래동으로

거친 풀 흐트러진 모래동으로
말 없이 걸어가면 놀래는 청령

들꽃 풀 보드라운 향기 맡으면
어린 적 놀던 동무 새 그리운 맘.

길다란 쑥대 끝을 삼각에 메워
거미줄 감아 들고 청령을 쫓던,

늘 함께 이 동 위에 이 풀숲에서
놀던 그 동무들은 어디로 갔노!

어린 적 내 놀이터 이 동마루는
지금 내 흩어진 벗 생각의 나라.

먼 바다 바라보며 우뚝이 서서,
나 지금 청령 따라 왜 가지 않노.

서울 밤

붉은 전등.
푸른 전등.
널따란 거리면 푸른 전등.
막다른 골목이면 붉은 전등.
전등은 반짝입니다.
전등은 그물입니다.
전등은 또다시 어스렷합니다.
전등은 죽은 듯한 긴 밤을 지킵니다.

나의 가슴의 속모를 곳의
어둡고 밝은 그 속에서도
붉은 전등이 흐득여 웁니다.
푸른 전등이 흐득여 웁니다.

붉은 전등.
푸른 전등.
머나먼 밤하늘은 새카맙니다.
머나먼 밤하늘은 새카맙니다.
서울 거리가 좋다고 해요.
서울 밤이 좋다고 해요.

붉은 전등.

푸른 전등.

나의 가슴의 속모를 곳의

푸른 전등은 고적합니다.

붉은 전등은 고적합니다.

붉은 전등.

푸른 전등.

널따란 거리면 푸른 전등.

막다른 골목이면 붉은 전등.

전등은 반짝입니다

전등은 그무립니다.

전등은 또다시 어스렷합니다.

전등은 죽은 듯한 긴 밤을 지킵니다.

나의 가슴의 속모를 곳의

어둡고 밝은 그 속에서도

붉은 전등이 흐드겨 웁니다.

푸른 전등이 흐드겨 웁니다

붉은 전등.

푸른 전등.

머나먼 밤하늘은 새캄합니다.

머나먼 밤하늘은 새캄합니다.

서울 거리가 좋다고 해요.
서울 밤이 좋다고 해요.
붉은 전등.
푸른 전등.
나의 가슴의 속모를 곳의
푸른 전등은 고적합니다.
붉은 전등은 고적합니다.

산수갑산

삼수갑산 내 왜 왔노 삼수갑산이 어디뇨
오고나니 기험타 아하 물도 많고 산 첩첩이라 아하하

내 고향을 도로 가자 내 고향을 내 못 가네
삼수갑산 멀드라 아하 촉도 지난이 예로구나 아하하

삼수갑산이 어디뇨 내가 오고 내 못 가네
불귀로다 내 고향 아하 새가 되면 떠가리라 아하하

님 계신 곳 내 고향을 내 못 가네 내 못 가네
오다가다 야속타 아하 삼수갑산이 날 가두었네 아하하

내 고향을 가고지고 오호 삼수갑산 날 가두었네
불귀로다 내 몸이야 아하 삼수갑산 못 벗어난다 아하하

삭주구성

물로 사흘, 배 사흘,
먼 삼천 리
더더구나 걸어 넘는 먼 삼천 리
삭주 구성은 산을 넘은 육천 리요.

물 맞아 함빡이 젖은 제비도
가다가 비에 걸려 오노랍니다.
저녁에는 높은 산
밤에 높은 산

삭주구성은 산 넘어
먼 육천 리
가끔가끔 꿈에는 사오천 리
가다 오다 돌아오는 길이겠지요.

서로 떠난 몸이길래 몸이 그리워
님을 둔 곳이길래 곳이 그리워
못 보았소 새들도 집이 그리워
남북으로 오며 가며 아니합디까.

들 끝에 날아가는 나는 구름은

반쯤은 어디 바로 가 있을 텐고

삭주구성은 산 넘어

먼 육천 리.

산

산새도 오리나무
위에서 운다.
산새는 왜 우노, 시메산골
영 넘어가려고 그래서 울지.

눈은 내리네, 와서 덮이네.
오늘도 하룻길
칠팔십 리
돌아서서 육십 리는 가기도 했소.

불귀 불귀, 다시 불귀,
삼수갑산에 다시 불귀.
사나이 속이라 잊으련만,
십오 년 정분을 못 잊겠네.

산에는 오는 눈, 들에는 녹는 눈.
산새도 오리나무
위에서 운다.
삼수갑산 가는 길은 고개의 길.

바닷가의 밤

한 줌만 가느다란 좋은 허리는
품 안에 차츰차츰 졸아들 때는
지새는 겨울 새벽 춥게 든 잠이
어렴풋 깨일 때다 둘도 다 같이
사랑의 말로 못할 깊은 불안에
또 한끝 호주근한 옅은 몽상에.
바람은 쎄우친다 때에 바닷가
무서운 물소리는 잦 일어온다.
컹킨 여덟 팔다리 걷어채우며
산뜩히 서려오는 머리칼이여.

사랑은 달콤하지 쓰고도 맵지.

햇가는 쓸쓸하고 밤은 어둡지.

한밤의 만난 우리 다 마찬가지

너는 꿈의 어머니 나는 아버지.

일시 일시 만났다 나뉘어가는

곳 없는 몸 되기도 서로 같거든.

아아아 허수롭다 바로 사랑도
더욱여 허수롭다 살음은 말로.
아 이봐 그만 일자 창이 희였다.
슬픈 날은 도적같이 달려들었다.

무심

시집와서 삼 년
오는 봄은
거친 벌 난벌에 왔습니다

거친 벌 난벌에 피는 꽃은
졌다가도 피노라 이릅디다
소식 없이 기다린
이태 삼 년

바로 가던 앞 강이 간봄부터
굽이돌아 휘돌아 흐른다고
그러나 말 마소, 앞 여울의
물빛은 예대로 푸르렀소

시집와서 삼 년
어느 때나
터진 개 개여울의 여울물은
거친 벌 난벌에 흘렀습니다.

밭고랑 위에서

우리 두 사람은
키 높이 가득 자란 보리밭, 밭고랑 위에 앉았어라.
일을 필하고 쉬이는 동안의 기쁨이여.
지금 두 사람의 이야기에는 꽃이 필 때.

오오 빛나는 태양은 내려쪼이며
새 무리들도 즐거운 노래, 노래 불러라.
오오 은혜여, 살아 있는 몸에는 넘치는 은혜여,
모든 은근스러움이 우리의 맘속을 차지하여라.

세계의 끝은 어디? 자애의 하늘은 넓게도 덮였는데,
우리 두 사람은 일하며, 살아 있었어,
하늘과 태양을 바라보아라, 날마다 날마다도
새라 새로운 환희를 지어내며, 늘 같은 땅 위에서.

다시 한 번 활기 있게 웃고 나서, 우리 두 사람은
바람에 일리우는 보리밭 속으로
호미 들고 들어갔어라, 가지런히 가지런히,
걸어 나아가는 기쁨이어, 오오 생명의 향상이여.

무덤

그 누가 나를 헤내는 부르는 소리
불그스름한 언덕, 여기저기
돌무더기도 움직이며, 달빛에
소리만 남은 노래 서러워 엉겨라.
옛 조상들의 기록을 묻어 둔 그곳!
나는 두루 찾노라. 그곳에서,
형적 없는 노래 흘러 퍼져.

그림자 가득한 언덕으로 여기 저기.
그 누가 나를 헤내는 부르는 소리
부르는 소리, 부르는 소리
내 넋을 잡아끌어 헤내는 부르는 소리

상쾌한 아침

무연한 벌 위에 들어다 놓은 듯한 이 집 또는
밤새에 어디서 어떻게 왔는지 알지 못할 이 비.
신개지에도 봄은 와서 가냘픈 빗줄은 뚝가의 어
슴푸레한 개버들 어린 엄도 축이고, 난벌에
파릇한 뉘 집 파밭에도 뿌린다. 뒷 가시나무밭에
깃들인 까치 떼 좋아 지껄이고 개굴가에서 오
리와 닭이 마주 앉아 깃을 다듬는다. 무연한 이
벌 심어서 자라는 꽃도 없고 메꽃도 없고 이 비
에 장차 이름 모를 들꽃이나 필는지?

장쾌한 바닷물결, 또는 구릉의 미묘한 기복도 없이
다만 되는 대로 되고 있는 대로 있는 무연한 벌!
그러나 나는 내버리지 않는다. 이 땅이 지금 쓸쓸하
다고, 나는 생각한다. 다시금, 시원한 빗발이 얼굴에
칠 때예서뿐 있을 앞날의 많은 변전의 후에 이 땅이
우리의 손에서 아름다워질 것을! 아름다워질 것을!

꿈자리

오오 내 님이여! 당신이 내게 주시려고 간 곳마다
이 자리를 깔아 놓아두시지 않으셨어요. 그렇겠어
요 확실히 그러신 줄을 알겠어요. 간 곳마다 저는
당신이 펴 놓아주신 이 자리 속에서 항상 살게 되
므로 당신이 미리 그러신 줄을 제가 알았어요.

오오 내 님이여! 당신이 깔아놓아 주신 이 자리는
맑은 못 밑과 같이 고조곤도 하고 아늑도 했어요.
홈싹홈싹 숨 치우는 보드라운 모래 바닥과 같은 긴
길이, 항상 외롭고 힘없는 저의 발길을 그리운 당
신한테로 인도하여 주겠지요.

그러나 내 님이여! 밤은 어둡구요, 찬바람도 불겠지요. 닭은 울었어도 여태도록 빛나는 새벽은 오지 않겠지요. 오오 제 몸에 힘되시는 내 그리운 님이여! 외롭고 힘없는 저를 부둥켜안으시고 영원히 당신의 믿음성스러운 그 품속에서 저를 잠들게 하여주셔요.

당신이 깔아 놓아주신 이 자리는 외롭고 쓸쓸합니다마는, 제가 이 자리 속에서 잠자고 놀고 당신만을 생각할 그때에는 아무러한 두려움도 없고 괴로움도 잊어버려지고 마는데요.그러면 님이여! 저는 이 자리에서 종신토록 살겠어요.

오오 내 님이여! 당신은 하루라도 저를 이 세상에 더 묵게 하시려고 이 자리를 간 곳마다 깔아 놓아두셨어요. 집 없고 고단한 제 몸의 종적을 불쌍히 생각하셔서 검소한 이 자리를 간 곳마다 제 소유로 장만하여 주셨어요. 그리고 또 당신은 제 엷은 목숨의 줄을 온전히 붙잡아 주시고 외로이 일생을 제가 위험 없는 이 자리 속에 살게 하여주셨어요.

오오 그러면 내 님이여! 끝끝내 저를 이 자리 속에 두어주셔요. 당신이 손수 당신의 그 힘 되고 믿음성 부른 품속에다 고요히 저를 잠들려 주시고 저를 또 이 자리 속에 당신이 손수 묻어주셔요.

만리성

밤마다 밤마다
온 하룻밤!
쌓았다 헐었다
긴 만리성!

황촉불

황촉불, 그저도 까맣게
스러져가는 푸른 창을 기대고
소리조차 없는 흰 밤에,
나는 혼자 거울에 얼굴을 묻고
뜻 없이 생각 없이 들여다보노라.
나는 이르노니, "우리 사람들
첫날밤은 꿈속으로 보내고
죽음은 조는 동안에 와서,
별 좋은 일도 없이 스러지고 말어라."

가시나무

산에도 가시나무 가시덤불은
덤불덤불 산마루로 뻗어 올랐소.

산에는 가려 해도 가지 못하고
바로 말도 집도 있는 내 몸이라오.

길에 가선 혼잣몸이 홑옷 자락은
하룻밤에 두세 번은 젖기도 했소,

들에도 가시나무 가시덤불은
덤불덤불 들 끝으로 뻗어 나갔소.

꿈꾼 그 옛날

밖에는 눈, 눈이 와라,
고요히 창 아래로는 달빛이 들어라.
어스름 타고서 오신 그 여자는
내 꿈의 품속으로 들어와 안겨라.

나의 베개는 눈물로 함빡히 젖었어라.
그만 그 여자는 가고 말았느냐.
다만 고요한 새벽, 별 그림자 하나가
창 틈을 엿보아라.

꿈으로 오는 한 사람

나이 차지면서 가지게 되었노라
숨어 있던 한 사람이, 언제나 나의,
다시 깊은 잠속의 꿈으로 와라
불그레한 얼굴에 가늘한 손가락의,
모르는 듯한 거동도 전날의 모양대로
그는 야젓이 나의 팔 위에 누워라
그러나, 그래도 그러나!

말할 아무것이 다시 없는가!
그냥 먹먹할 뿐, 그대로
그는 일어라. 닭의 홰치는 소리.
깨어서도 늘, 길거리의 사람을
밝은 대낮에 빗보고는 하노라

눈 오는 저녁

바람 자는 이 저녁
흰 눈은 퍼붓는데
무엇하고 계시노
같은 저녁 금년은 ……

꿈이라도 꾸면은!
잠들면 만날런가.
잊었던 그 사람은
흰 눈 타고 오시네.
저녁때, 흰 눈은 퍼부어라.

꿈

닭 개 짐승조차도 꿈이 있다고
이르는 말이야 있지 않은가,
그 허하다, 봄날은 꿈꿀 때.
내 몸이야 꿈이나 있으랴,
아아 내 세상의 끝이여,
나는 꿈이 그리워, 꿈이 그리워.

제비

하늘로 날아다니는 제비의 몸으로도
일정한 깃을 두고 돌아오거든!
어찌 섧지 않으랴, 집도 없는 몸이야!

담배

나의 긴 한숨을 동무하는
못 잊게 생각 나는 나의 담배!
내력을 잊어버린 옛 시절에
났다가 새 없이 몸이 가신
아씨님 무덤 위에 풀이라고
말하는 사람도 보았어라.

어물어물 눈앞에 스러지는 검은 연기,
다만 타붙고 없어지는 불꽃.
아 나의 괴로운 이 맘이여.
나의 하염없이 쓸쓸한 많은 날은
너와 한가지로 지나가라.

실제

이 가람과 저 가람이 모두 쳐흘러
그 무엇을 뜻하는고?

미더움을 모르는 당신의 맘

죽은 듯이 어두운 깊은 골의
꺼림칙한 괴로운 몹쓸 꿈의
퍼르죽죽한 불길은 흐르지만
더듬기에 지치운 두 손길은
불어가는 바람에 식히셔요

밝고 호젓한 보름달이
새벽의 흔들리는 풀노래로
수줍음에 추움에 숨을 듯이
떨고 있는 물 밑은 여기외다.

미더움을 모르는 당신의 맘

저 산과 이 산이 마주서서
그 무엇을 뜻하는고!

잊었던 밤

집을 떠나 먼 저곳에
외로이도 다니던 내 심사를!
바람 불어 봄꽃이 필 때에는
어찌타 그대는 또 왔는가.
저도 잊고 나니 저 모르던 그대
어찌하여 옛날의 꿈조차 함께 오는가.
쓸데도 없이 서럽게만 오고가는 맘.

봄비

어룰없이 지는 꽃은 가는 봄인데
어룰없이 오는 비에 봄은 울어라.
서럽다, 이 나의 가슴속에는 !
보라, 높은 구름, 나무의 푸릇한 가지.
그러나 해 늦으니 어스름인가.
애닯이 고운 비는 그어오지만
내 몸은 꽃자리에 주저앉아 우노라.

비단 안개

눈들이 비단 안개에 둘리울 때,
그때는 차마 잊지 못할 때러라.
만나서 울던 때도 그런 날이요,
그리워 미친 날도 그런 때러라.

눈들이 비단 안개에 둘리울 때,
그때는 홀목숨은 못살 때러라.
눈 풀리는 가지에 당치마 귀로
젊은 계집 목매고 달릴 때러라.

눈들이 비단 안개에 둘리울 때,
그때는 종달새 솟을 때러라.
들에랴 바다에랴, 하늘에서랴,
아지 못할 무엇에 취할 때러라.

눈들이 비단 안개에 둘리울 때,
그때는 차마 잊지 못할 때러라.
첫사랑 있던 때도 그런 날이요,
영이별 있던 날도 그런 때러라.

기억

달 아래 스멋없이 섰던 그 여자,
서 있던 그 여자의 해쓱한 얼굴,
해쓱한 그 얼굴 적이 파릇함.
다시금 실벗듯한 가지 아래서
시커먼 머리길은 번쩍거리며,
다시금 하룻밤의 식는 강물을,
평양의 긴 단장은 숯고 가던 때.
오오 그 스멋없이 섰던 여자여!

그립다 그 한밤을 내게 가깝던
그대여 꿈이 깊던 그 한동안을
슬픔에 귀여움에 다시 사랑의
눈물에 우리 몸이 맡기었던 때.
다시금 고즈넉한 성밖 골목의
사월의 늦어가는 뜬눈의 밤을
한두 개 등불 빛은 울어새던 때,
오오 그 스멋없이 섰던 여자여!

그를 꿈꾼 밤

야밤중 불빛이 발갛게
어렴풋이 보여라.

들리는 듯, 마는 듯,
발자국 소리.
스러져가는 발자국 소리.

아무리 혼자 누워 몸을 뒤쳐도
잃어버린 잠은 다시 안 와라.

야밤중, 불빛이 발갛게
어렴풋이 보여라.

여자의 냄새

푸른 구름의 옷 입은 달의 냄새.
붉은 구름의 옷 입은 해의 냄새.
아니 땀냄새, 때묻은 냄새.
비에 맞아 추거운 살과 옷냄새.

푸른 바다… 어즈리는 배…
보드라운 그리운 어떤 목숨의
조그마한 푸릇한 그무러진 령
어우러져 빗기는 살의 아우성…

다시는 장사 지나간 숲속의 냄새.
유령 실은 널뛰는 뱃간의 냄새.
생고기의 바다의 냄새.
늦은 봄의 하늘을 떠도는 냄새.

모래 두덩 바람은 그물 안개를 불고
먼 거리의 불빛은 달 저녁을 울어라.
냄새 많은 그 몸이 좋습니다.
냄새 많은 그 몸이 좋습니다.

가을 아침에

아득한 퍼스레한 하늘 아래서
회색의 지붕들은 번쩍거리며,
성깃한 섶나무의 드문 수풀을
바람은 오다가다 울며 만날 때,
보일락말락하는 멧골에서는
안개가 어스러히 흘러 쌓여라.

아아 이는 찬비 온 새벽이러라.
냇물도 잎새 아래 얼어붙누나.
눈물에 싸여 오는 모든 기억은
피 흘린 상처조차 아직 새로운
가주난 아기같이 울며 서두는
내 영을 에워싸고 속살거려라.

「그대의 가슴속이 가비얍던 날
그리운 그 한때는 언제였었노 !」
아아 어루만지는 고운 그 소리
쓰라린 가슴에서 속살거리는,
미움도 부끄럼도 잊은 소리에,
끝없이 하염없이 나는 울어라.

가을 저녁에

물은 희고 길구나 하늘보다도.
구름은 붉구나, 해보다도.
서럽다, 높아가는 긴 들 끝에
나는 떠돌며 울며 생각한다, 그대를.

그늘 깊어 오르는 발 앞으로
끝없이 나아가는 길은 앞으로.
키 높은 나무 아래로, 물마을은
성깃한 가지가지 새로 떠오른다.

그 누가 온다고 한 언약도 없건마는!

기다려볼 사람도 없건마는!

나는 오히려 못물가를 싸고 떠돈다.

그 못물로는 놀이 잦을 때.

옛낯

생각의 끝에는 졸음이 오고
그리움의 끝에는 잊음이 오나니,
그대여 말을 말아라, 이후부터,
우리는 옛낯 없는 설움을 모르리.

꿈

꿈, 영의 해적임. 설움의 고향.
울자, 내 사랑, 꽃 지고 저무는 봄.

낙천

살기에 이러한 세상이라고
맘을 그렇게나 먹어야지,
살기에 이러한 세상이라고,
꽃 지고 잎진 가지에 바람이 운다.

눈

새하얀 흰 눈, 가비얍게 밟을 눈
재 같아서 날릴 듯 꺼질 듯한 눈.
바람엔 흩어져도 불길에야 녹을 눈.
계집의 마음. 님의 마음.

남의 나라 땅

돌아다보이는 무쇠다리
얼결에 뛰어건너 서서
숨고르고 발 놓는 남의 나라 땅.

천리만리

말리지 못할 만치 몸부림하며
마치 천리만리나 가고도 싶은
맘이라고나 하여볼까.
한 줄기 쏜살같이 뻗은 이 길로
줄곧 치달아 올라가면
불붙는 산의, 불붙는 산의
연기는 한두 줄기 피어올라라.

어부

헛된 줄 모르고나 살면 좋아도!
오늘도 저 너머엣편 마을에서는
고기잡이 배 한 척 길 떠났다고.
작년에도 바닷놀이 무서웠건만,

생과 사

살았대나 죽었대나 같은 말을 가지고
사람은 살아서 늙어서야 죽나니,
그러하면 그 역시 그럴듯도 한 일을,
하필코 내 몸이라 그 무엇이 어째서
오늘도 산마루에 올라서서 우느냐.

맘에 있는 말이라고 다 할까보냐

하소연하며 한숨을 지으며
세상을 괴로워하는 사람들이여 !
말을 나쁘지 않도록 좋이 꾸밈은
닳아진 이 세상의 버릇이라고, 오오 그대들!
맘에 있는 말이라고 다 할까보냐.

두세 번 생각하라, 우선 그것이
저부터 밑지고 들어가는 장사일진댄.
사는 법이 근심은 못 가른다고,
남의 설움을 남은 몰라라.

말 마라, 세상, 세상 사람은
세상의 좋은 이름 좋은 말로써
한 사람을 속옷마저 벗긴 뒤에는
그를 네길거리에 세워놓아라, 장승도 마치 한가지.
이 무슨 일이냐, 그날로부터,
세상 사람들은 제가끔 제 비위의 헐한 값으로
그의 몸값을 매기자고 덤벼들어라.
오오 그러면, 그대들은 이후에라도
하늘을 우러르라, 그저 혼자, 섧거나 괴롭거나.

나의 집

들가에 떨어져 나가앉은 멧기슭의
넓은 바다의 물가 뒤에,
나는 지으리, 나의 집을,
다시금 큰길을 앞에다 두고,
길로 지나가는 그 사람들은
제각기 떨어져서 혼자 가는 길.
하얀 여울턱에 날은 저물 때.
나는 문간에 서서 기다리리

새벽새가 울며 지새는 그늘로

세상은 희게, 또는 고요하게

번쩍이며 오늘 아침부터

지나가는 길손을 눈여겨보며,

그대인가고, 그대인가고,

새벽

낙엽이 발이 숨는 못물가에
우뚝우뚝한 나무 그림자
물빛조차 어슴프러이 떠오르는데,
나 혼자 섰노라, 아직도 아직도,
동녘 하늘은 어두운가.
천인에도 사랑 눈물, 구름 되어,
외로운 꿈의 베개 흐렸는가.

나의 님이여, 그러나 그러나,
고이도 불그스레 물질러 와라
하늘 밟고 저녁에 섰는 구름.
반달은 중천에 지새일 때,

물마름

주으린 새무리는 마른 나무의
해 지는 가지에서 재갈이던 때.
온종일 흐르던 물 그도 곤하여
놀 지는 골짜기에 목이 메던 때.

그 누가 알았으랴 한쪽 구름도
걸려서 흐득이는 외로운 영을
숨차게 올라서는 여윈 길손이
달고 쓴 맛이라면 다 겪은 줄을.

그곳이 어디더냐 남이장군이
말 먹여 물 끼얹던 푸른 강물이
지금에 다시 흘러 둑을 넘치는
천백 리 두만강이 예서 백십 리.

무산의 큰 고개가 예가 아니냐
누구나 예로부터 의를 위하여
싸우다 못 이기면 몸을 숨겨서
한때의 못난이가 되는 법이라.

그 누가 생각하랴 삼백 년래에
차마 받지 다 못할 한과 모욕을
못 이겨 칼을 잡고 일어섰다가
인력의 다함에서 스러진 줄을.

부러진 대쪽으로 활을 메우고
녹슬은 호미쇠로 칼을 별러서
다독된 삼천리에 북을 울리며
정의의 기를 들던 그 사람이여.

그 누가 기억하랴 다북동에서
피 물든 옷을 입고 외치던 일을
정주성 하룻밤의 지는 달빛에
애끊긴 그 가슴이 숯기 된 줄을.

물 위에 뜬 마름에 아침 이슬을

불붙는 산마루에 피었던 꽃을

지금에 우러르며 나는 우노라

이루며 못 이룸에 박한 이름을.

바라건대 우리에게
우리의 보습 대일 땅이 있었더면

나는 꿈꾸었노라, 동무들과 내가 가지런히
벌가의 하루 일을 다 마치고
석양에 마을로 돌아오는 꿈을,
즐거이, 꿈 가운데.

그러나 집 잃은 내 몸이여,
바라건대는 우리에게 우리의 보습 대일 땅이 있었더면!
이처럼 떠돌으랴, 아침에 저물손에
새라 새로운 탄식을 얻으면서.

동이랴, 남북이랴,
내 몸은 떠가나니, 볼지어다,
희망의 반짝임은, 별빛이 아득함은.
물결뿐 떠올라라, 가슴에 팔다리에.

그러나 어쩌면 황송한 이 심정을! 날로 나날이 내 앞에는
자칫 가늘은 길이 이어가라. 나는 나아가리라
한 걸음, 또 한 걸음. 보이는 산비탈엔
온 새벽 동무들 저저 혼자 산경을 김매이는,

저녁때

마소의 무리와 사람들은 돌아들고, 적적히 빈 들에,
엉머구리 소리 우거져라.
푸른 하늘은 더욱 낮추, 먼 산 비탈길 어둔데
우뚝우뚝한 드높은 나무, 잘 새도 깃들여라.

볼수록 넓은 벌의
물빛을 물끄러미 들여다보며
고개 수그리고 박은 듯이 홀로 서서
긴 한숨을 짓느냐. 왜 이다지 !

온 것을 아주 잊었어라, 깊은 밤 예서 함께
몸이 생각에 가비엽고, 맘이 더 높이 떠오를 때.
문득, 멀지 않은 갈숲 새로
별빛이 솟구어라.

열락

어둡게 깊게 목메인 하늘.
꿈의 품속으로서 굴러나오는
애닲이 잠 안 오는 유령의 눈결.
그림자 검은 개버드나무에
쏟아져내리는 비의 줄기는
흐느껴 비끼는 주문의 소리.

시커먼 머리채 풀어헤치고
아우성하면서 가시는 따님.
헐벗은 벌레들은 꿈틀릴 때,
흑혈의 바다. 고목동굴.
탁목조의 쪼아리는 소리,
쪼아리는 소리.

찬 저녁

퍼르스럿한 달은, 성황당의
군데군데 헐어진 담 모도리에
우둑히 걸리었고, 바위 위의
까마귀 한 쌍, 바람에 나래를 펴라.

엉기한 무덤들은 들먹거리며,
눈 녹아 황토 드러난 멧기슭의,
여기라, 거리 불빛도 떨어져나와,
집짓고 들었노라, 오오 가슴이여

세상은 무덤보다도 다시 멀고
눈물은 물보다 더더움이 없어라.
오 가슴이여, 모닥불 피어오르는
내 한세상 마당가의 가을도 갔어라.

그러나 나는, 오히려 나는
소리를 들어라 눈석이물이 씨거리는
땅 위에 누워서, 밤마다 누워
담 모도리에 걸린 달을 내가 또 봄으로,

여수

1
유월 어스름 때의 빗줄기는
암황색의 시골을 묶어 세운 듯,
뜨며 흐르며 잠기는 손의 널 쪽은
지향도 없어라, 단청의 홍문!

2

저 오늘도 그리운 바다,

건너다보자니 눈물겨워라!

조그만한 보드라운 그 옛적 심정의

분결 같던 그대의 손의

사시나무보다도 더한 아픔이

내 몸을 에워싸고 휘떨며 찔러라,

나서 자란 고향의 해돋는 바다요.

집생각

산에나 올라서서
바다를 보라
사면에 백여 리, 창파 중에
객선만 중중.... 떠나간다.

명산대찰이 그 어느메냐
향안, 향탑 대그릇에,
석양이 산머리 넘어가고
사면에 백여 리, 물소리라

「젊어서 꽃 같은 오늘날로
금의로 환고향 하옵소서.」
객선만 중중... 떠나간다.
사면에 백여 리, 나 어찌 갈까

까투리도 산속에 새끼치고
타관만리에 와 있노라고
산중만 바라보며 목메인다
눈물이 앞을 가리운다고

들에나 내려오면
치어다보라
해님과 달님이 넘나든 고개
구름만 첩첩…… 떠돌아간다

부귀공명

거울 들어 마주 본 내 얼굴을
좀더 미리부터 알았던들
늙는 날 죽는 날을
사람은 다 모르고 사는 탓에,
오오 오직 이것이 참이라면
그러나 내 세상이 어디인지?
지금부터 두여들 좋은 년광
다시 와서 내게도 있을 말로
전보다 좀더 전보다 좀더
살음즉이 살는지 모르련만
거울 들어 마주 온 내 얼굴을
좀더 미리부터 알았던들!

무신

그대가 돌이켜 물을 줄도 내가 아노라,
「무엇이 무신함이 있더냐?」하고,
그러나 무엇하랴 오늘날은
야속히도 당장에 우리 눈으로
볼 수 없는 그것을, 물과 같이
흘러가서 없어진 맘이라고 하면.

검은 구름은 멧기슭에서 어정거리며,
애처롭게도 우는 산의 사슴이
내 품에 속속들이 붙안기는 듯.
그러나 밀물도 쎄이고 밤은 어두워
닻주었던 자리는 알 길이 없어라.
시정의 흥정일은
외상으로 주고받기도 하건마는,

꿈길

물구슬의 봄새벽 아득한 길
하늘이며 들 사이에 넓은 숲
젖은 향기 불긋한 잎 위의 길
실그물의 바람 비쳐 젖은 숲
나는 걸어가노라 이러한 길
밤 저녁의 그늘진 그대의 꿈
흔들리는 다리 위 무지개 길
바람조차 가을 봄 거치는 꿈

사노라면 사람은 죽는 것을

하루라도 몇 번씩 내 생각은
내가 무엇하려고 살려는지 ?
모르고 살았노라, 그럴 말로
그러나 흐르는 저 냇물이
흘러가서 바다로 든댈진댄.
일로 쫓아 그러면 이내 몸은
애쓴다고는 말부터 잊으리라.
사노라면 사람은 죽는 것을
그러나, 다시 내 몸,
봄빛의 불붙는 사태흙에
집 짓는 저 개아미
나도 살려 하노라, 그와 같이.

사는 날 그날까지

살음에 즐거워서

사는 것이 사람의 본뜻이면

오오 그러면 내 몸에는

다시는 애쓸 일도 더 없어라

사노라면 사람은 죽는 것을.

하다 못해 죽어 달래가 옳나

아주 나는 바랄 것 더 없노라
빛이랴 허공이랴,
소리만 남은 내 노래를
바람에나 띄워서 보낼밖에.
하다못해 죽어 달래가 옳나
좀더 높은 데서나 보았으면!

한세상 다 살아도
살은 뒤 없을 것을,
내가 다 아노라 지금까지
살아서 이만큼 자랐으니
예전에 지내본 모든 일을
살았다고 이를 수 있을진댄!

물가의 닳아져 널린 굴 꺼풀에
붉은 가시덤불 뻗어 늙고
어둑어둑 저문 날을
비바람에 울지는 돌무더기
하다못해 죽어 달래가 옳나
방의 고요한 때라도 지켰으면!

희망

날은 저물고 눈이 내려라
낯설은 물가로 내가 왔을 때.
산속의 올빼미 울고 울며
떨어진 잎들은 눈 아래로 깔려라.

아아 숙살스러운 풍경이어
지혜의 눈물을 내가 얻을 때!
이제금 알기는 알았건마는!
이 세상 모든 것을
한갓 아름다운 눈어림의
그림자뿐인 줄을.

이울어 향기 깊은 가을밤에
우무주러진 나무 그림자
바람과 비가 우는 낙엽 위에.

나는 세상 모르고 살았노라

「가고 오지 못한다」는 말을
철없던 내 귀로 들었노라.
만수산 올라서서
옛날에 갈라선 그 내 님도
오늘날 뵈올 수 있었으면.

나는 세상 모르고 살았노라,
고락에 겨운 입술로는
같은 말도 조금 더 영리하게
말하게도 지금은 되었건만.
오히려 세상 모르고 살았으면!

「돌아서면 무심타」는 말이
그 무슨 뜻인 줄을 알았으랴.
제석산 붙는 불은 옛날에 갈라선 그 내 님의
무덤의 풀이라도 태웠으면!

강촌

날 저물고 돋는 달에
흰 물은 쏼쏼……
금모래 반짝……
청노새 몰고 가는 낭군!
여기는 강촌
강촌에 내 몸은 홀로 사네.
말하자면, 나도 나도
늦은 봄 오늘이 다 진토록
백년처권을 울고 가네.
길세 저문 나는 선비,
당신은 강촌에 홀로 된 몸.

그리워

봄이 다 가기 전,
이 꽃이 다 흘기 전
그린 님 오실까구
뜨는 해 지기 전에.

엷게 흰 안개 새에
바람은 무겁거니,
밤샌 달 지는 양자,
어제와 그리 같이.

붙일 길 없는 맘세,
그린 님 언제 뵐련,
우는 새 다음 소린,
늘 함께 듣사오면.

낭인의 봄

휘둘리 산을 넘고,
굽이진 물을 건너,
푸른 풀 붉은 꽃에
길 걷기 시름이어.

잎 누런 시닥나무,
철 이른 푸른 버들,
해 벌써 석양인데
불슷는 바람이어.

골짜기 이는 연기
메 틈에 잠기는데,
산마루 도는 손의
슬지는 그림자여.

산길가 외론 주막,
어이그, 쓸쓸한데,
먼저 든 짐장사의
곤한 말 한 소리여.

지는 해 그림자니,
오늘은 어디까지,
어둔 뒤 아무데나,
가다가 묵을네라.

풀숲에 물김 뜨고,
달빛에 새 놀래는,
고운 봄 야반에도
내 사람 생각이어.

야의 우적

어데로 돌아가랴,
나의 신세는,
내 신세 가엾이도
물과 같아라.

험구진 산막지면
돌아서 가고,
모지른 바위면
넘쳐 흐르랴.

그러나 그리해도
헤날 길 없어,
가엾은 설움만은
가슴 눌러라.

그 아마 그도 같이
야의 우적,
그같이 지향없이
헤매임이라.

장별리

연분홍 저고리, 빨간 불붙은
평양에도 이름 높은 장별리
금실 은실의 가는 비는
비스듬히도 내리네, 뿌리네.

털털한 배암무늬 돋은 양산에
내리는 가는 비는
위에나 아래나 내리네, 뿌리네.

흐르는 대동강, 한복판에
울며 돌던 벌새의 떼무리,
당신과 이별하던 한복판에
비는 쉴 틈도 없이 내리네, 뿌리네.

가는 봄 3월

가는 봄 삼월, 삼월은 삼질
강남 제비도 안 잊고 왔는데.
아무렴은요.설게 이때는 못 잊게,
그리워.

잊으시기야, 했으랴, 하마 어느새,
님 부르는 꾀꼬리 소리.
울고 싶은 바람은 점도록 부는데
설리도 이때는
가는 봄 삼월, 삼월은 삼질.

길손

얼굴 훨끔한 길손이어,
지금 막, 지는 해도 그림자조차
그대의 무거운 발 아래로
여지도 없이 스러지고 마는데

둘러보는 그대의 눈길을 막는
뾰죽뾰죽한 멧봉우리
기어오르는 구름 끝에도
비낀 놀은 붉어라, 앞이 밝게.

천천히 밤은 외로이
근심스럽게 지쳐 나리나니
물소리 처량한 냇물가에,
잠깐, 그대의 발길을 멈추라.

길손이어,
별빛에 푸르도록 푸른 밤이 고요하고
맑은 바람은 땅을 씻어라.
그대의 씨달픈 마음을 가다듬을지어다.

눈물이 쉬루르 흘러납니다

눈물이 쉬르르 흘러납니다,
당신이 하도 못 잊게 그리워서
그리 눈물이 쉬르르 흘러납니다.

잊히지도 않는 그 사람은
아주나 내버린 것이 아닌데도,
눈물이 쉬 르르 흘러납니다.

가뜩이나 설운 맘이

떠나지 못할 운에 떠난 것도 같아서

생각하면 눈물이 쉬루르 흘러납니다.

어려 듣고 자라 배워 내가 안 것은

이것이 어려운 일인 줄은 알면서도,
나는 아득이노라, 지금 내 몸이
돌아서서 한 걸음만 내어놓으면!
그 뒤엔 모든 것이 꿈 되고 말련마는,
그도 보면 엎드러친 물은 흘러버리고
산에서 시작한 바람은 벌에 불더라.

타다 남은 독불의 지는 불꽃을
오히려 뜨거운 입김으로 불어가면서
비추어볼 일이야 있으랴, 오오 있으랴
차마 그대의 두려움에 떨리는 가슴의 속을,
때에 자리잡고 있는 낯모를 그 한 사람이
나더러 「그만하고 갑시사」 하며, 말을 하더라

붉게 익은 댕추의 씨로 가득한 그대의 눈은
나를 가르쳐주었어라, 열 스무 번 가르쳐주었어라.
어려 듣고 자라 배워 내가 안 것은
무엇이랴 오오 그 무엇이랴?
모든 일은 할 대로 하여보아도
얼마만한 데서 말 것이더라.

돈과 밥과 맘과 들

1

얼굴이면 거울에 비추어도 보지만 하루에도 몇 번씩
비추어도 보지만 어쩌랴 그대여 우리들의 뜻 같은 백을
산들 한 번을 비출 곳이 있으랴

2

밥먹다 죽었으면 그만일 것을 가지고
잠자다 죽었으면 그만일 것을 가지고 서로가락 그렇지
어쩌면 우리는 쭉하면 제 몸만을 내세우려 하더냐. 호미
잡고 들에 나려서 곡식이나 기르자

3

순직한 사람은 죽어 하늘나라에 가고
모질던 사람은 죽어 지옥 간다고 하여라
우리네 사람들아 그뿐 알아둘진댄 아무런 괴로움도 다
시없이 살 것을 머리 수그리고 앉았던 그대는
다시 「돈!」하며 건너 산을 건너다보게 되누나

　4

등잔불 그무러지고 닭소리는 잦은데
여태 자지 않고 있더냐, 다심도 하지 그대 요밤 새면
내일 날이 또 있지 않우.

5

사람아 나더러 말썽을 마소
거슬러 예는 풀을 거스른다고
말하는 사람부터 어리석겠소

가노라 가노라 나는 가노라
내 성품 끄는 대로 나는 가노라
열두 길 물이라도 나는 가노라

달래어 아니 듣는 어릴적 맘이
일러서 아니 듣는 오늘날 맘의
장본이 되는 줄을 몰랐더니

6
아니면 아니라고
말을 하오
소라도 움마 하고 울지 않소

기면 기라고라도
말을 하오
저울추는 한곳에 놓인다오

기라고 한대서 기뻐 뛰고
아니라고 한대서 눈물 흘리고
단념하고 돌아설 내가 아니오

7
금전 반짝
은전 반짝
금전과 은전이 반짝반짝

여보오
서방님
그런 말 마오

넘어가요
넘어를 가요
두 손길 마주잡고 넘어나 가세
.
여보오
서방님
저기를 보오

엊저녁 넘던 산마루에
꽃이 꽃이
피었구려

삼 년을 살아도
몇삼 년을 잊지를 말라는 꽃이라오

그러나 세상은
내 집 길도
한 길이 아니고 열 갈래라

여보오 서방님 이 세상에
났다가 금전은 내 못 써도
당신 위해 천 냥은 쓰오리다

해 넘어가기 전 한참은

해 넘어가기 전 한참은
하염없기도 그지없다
연주홍물 엎지른 하늘 위에
바람의 흰 비둘기 나돌으며 나뭇가지는 운다.

해 넘어가기 전 한참은
조마조마하기도 끝없다,
저의 맘을 제가 스스로 늦구는 이는 복 있나니
아서라, 피곤한 길손은 자리잡고 쉴지어다.

까마귀 좇닌다.
종소리 비낀다.
송아지가 「음마」 하고 부른다.
개는 하늘을 쳐다보며 짖는다.

해 넘어가기 전 한참은
처량하기도 짝없다.
마을 앞 개천가의 체지 큰 느티나무 아래를
그늘진 데라 찾아 나가서 숨어 울다 올꺼나.

해 넘어가기 전 한참은
귀엽기도 더하다.
그렇거든 자네도 이리 좀 오시게
검은 가사로 몸을 싸고 염불이나 외우지 않으랴.

해 넘어가기 전 한참은
유난히 다정도 할세라
고요히 서서 물모루 모루모루
치마폭 번쩍 펼쳐들고 반겨오는 저 달을 보시오.

고만두풀 노래를 가져 월탄에게 드립니다

1
즌퍼리의 물가에
우거진 고만두
고만두풀 꺾으며
「고만두라」합니다.

두 손길 맞잡고
우두커니 앉았소.
잔지르는 수심가
「고만두라」 합니다.

슬그머니 일면서
「고만갑소」하여도
앉은 대로 앉아서
「고만두고 맙시다」고

고만두 풀숲에
풀버러지 날을 때
둘이 잡고 번갈아
「고만두고 맙시다.」

　　2
「어찌하노 하다니」
중얼이는 혼잣말
나도 몰라 왔어라
입버릇이 된 줄을.

쉬일 때나 있으랴
생시엔들 꿈엔들
어찌하노 하다니
뒤채이는 생각을.

하지마는 「어찌노」
중얼이는 혼잣말
바라나니 인간에
봄이 오는 어느날.

돋히어나 주고저
마른 나무 새 엄을,
두들겨나 주고저
소리 잊은 내 북을.

대수풀 노래

– 이는 유우석의 죽지사를 본받음이니 모두 열한 편이라.
그 말에 가다가다 야한 점이 있을는지는 몰라도 이 또한 제
게 메운 격이라 하리니 꽤 장구에 맞추며 춤에도 맞추어 노
래로 노래할 수 있으리로다.

1
왕검성 꿈에 잔디 돋고
모란봉 아래 물 맑았소.
서도 사람의 제 노래에
북관 각시네 우지 마소.

2
곱지서 발을 해 올라와
봄철 안개는 스러져가
강 위에 둥실 뜬 저 배는
서도 손님을 모신 배라.

3

저분네 잠깐 내 말 듣소
이 글자 한 장 전해주소
나 사는 집은 평양성중
배다릿골로 찾아보소.

4

장산고지는 열두 고지
못 다닌다는 말도 있지
아하 산 설고 물 설은데
나 누구 찾아 여기 왔니.

5

산에는 총총 복숭아꽃
산에는 총총 오야지꽃
구름장 아래 연기 뜬다
연기 뜬 데가 나 사는 곳.

6

가락지 쟁강하거든요
은봉채 쟁강하거든요
대동강 십 리 나룻길에
물 길러 온 줄 자네 아소.

7

반달 여울의 옅은 물에
어겻차 소리 연잦을 때
금실비단의 돛단배는
백일청천에 어리었네.

8

강물은 맑고 평탄한데
강으로 오는 님의 노래
동에 해 나고 서에는 비
비 오다 말고 해가 나네.

9

십리장송은 곳곳이 풀

근처 멧집은 집집이 술

오다가다도 들려주소

앉아보아도 좋은 그늘.

10

기자능 솔의 상상 가지

뻐꾸기 앉아 우는 소리

영명사 절에 묵던 손도

밤에 깨어 나무아미.

11

보통문루 송객정의

버들가지는 또 자랐다.

아하 산 설고 물 설은데

나 누구 찾아 여기 왔니

고락

무거운 짐 지고서 닫는 사람은
기구한 발부리만 보지 말고서
때로는 고개 들어 사방산천의
시원한 세상풍경 바라보시오

먹이의 달고 씀은 입에 달리고
영욕의 고와 낙도 맘에 달렸소
보시오 해가 져도 달이 뜬다오
그믐밤 날 궂거든 쉬어 가시오

무거운 짐지고서 닫는 사람은
숨차다 고갯길을 탄치 말고서
때로는 맘을 눅여 탄탄대로의
이제도 있을 것을 생각하시오.

편안히 괴로움의 씨도 되고요
쓰림은 즐거움의 씨가 됩니다보
시오 화전망정 갈고 심으면
가을에 황금이삭 수북 달리오

칼날 우에 춤추는 인생이라고
물 속에 몸을 던진 몹쓸 계집애
어쩌면 그럴듯도 하긴 하지만
그렇지 않은 줄은 왜 몰랐던고

칼날 위에 춤추는 인생이라고
자기가 칼날 우에 춤을 춘 게지
그 누가 미친 춤을 추라 했나요
얼마나 비꼬이운 계집애던가

야말로 제 고생을 제가 사서는
잡을 데 다시 없어 엄나무지요
무거운 짐지고서 닫는 사람은
길가의 청풀밭에 쉬어가시오

무거운 짐지고서 닫는 사람은
기구한 발부리만 보지 말고서
때로는 춘하추동 사방산천의
뒤바뀌는 세상도 바라보시오

무겁다 이 짐일랑 벗을 겐가요.
괴롭다 이 길일랑 아니 걷겠나
무거운 짐지고서 닫는 사람은
보시오 시내 위의 물 한 방울을

한 방울 물이라도 모여 흐르면
흘러가서 바다의 물결 됩니다
하늘로 올라가서 구름 됩니다.
다시금 땅에 내려 비가 됩니다

비 되어 나린 물이 모둥켜지면
산간엔 폭포 되어 수력전기요
들에선 관개 되어 만종석이요
메말라 타는 땅에 기름입니다
어여쁜 꽃 한 가지 이울어갈 제
밤에 찬이슬 되어 축여도 주고
외로운 어느 길손 창자 주릴 제
길가의 찬 샘 되어 눅궈도 주오

시내의 여지없는 물 한 방울도
흐르는 그만뜻이 이러하거든
어느 인생 하나이 저만 저라고
기구하다 이 길을 타발겠나요

이 짐이 무거움에 뜻이 있고요
이 짐이 괴로움에 뜻이 있다오
무거운 짐지고서 닫는 사람이
이 세상 사람다운 사람이라오

고향

1

짐승은 모를는지 고향인지라
사람은 못 잊는 것 고향입니다.
생시에는 생각도 아니하던 것
잠들면 어느덧 고향입니다
조상님 뼈 가서 묻힌 곳이라
송아지 동무들과 놀던 곳이라
그래서 그런지도 모르지마는
아아 꿈에서는 항상 고향입니다

2.
봄이면 곳곳이 산새소리
진달래 화초 만발하고
가을이면 골짜구니 물드는 단풍
흐르는 샘물 위에 떠나린다

바라보면 하늘과 바닷물과
차 차 차 마주붙어 가는 곳에
고기잡이 배 돛 그림자
어기여차 디여차 소리 들리는 듯

3
떠도는 몸이거든
고향이 탓이 되어
부모님 기억 동생들 생각
꿈에라도 항상 그곳서 뵈옵니다

고향이 마음속에 있습니까
마음속에 고향도 있습니다
제 넋이 고향에 있습니까
고향에도 제 넋이 있습니다

마음에 있으니까 꿈에 뵈지요
꿈에 보는 고향이 그립습니다
그곳에 넋이 있어 꿈에 가지요
꿈에 가는 고향이 그립습니다

4
물결에 떠내려간 부평 줄기
자리잡을 새도 없네
제자리로 돌아갈 날 있으랴마는!
괴로운 바다 이 세상에 사람인지라 돌아가리

고향을 잊었노라 하는 사람들
나를 버린 고향이라 하는 사람들
죽어서만은 천애일방 헤매지 말고
넋이라도 있거들랑 고향으로 네 가거라

마음의 눈물

내 마음에서 눈물난다.
뒷산에 푸르른 미루나무 잎들이 알지,
내 마음에서, 마음에서 눈물나는 줄을,
나 보고 싶은 사람, 나 한번 보게 하여주소,
우리 작은놈 날 보고 싶어하지,

건넛집 갓난이도 날 보고 싶을 테지,
나도 보고 싶다, 너희들이 어떻게 자라는 것을,
나 하고 싶은 노릇 나 하게 하여주소 못 잊혀 그
리운 너의 품속이여!
못 잊히고, 못 잊혀 그립길래 내가 괴로워하는 조
선이여.

마음에서 오늘날 눈물이 난다.
앞뒤 한길 포플라 잎들이 안다
마음속에 마음의 비가 오는 줄을,
갓난이야 갓놈아 나 바라보라
아직도 한길 위에 인기척 있나,
무엇ㅌ이고 어머니 오시나보다.
부뚜막 쥐도 이젠 달아났다.

먼 후일

초판 발행 2020년 8월 25일

작가 김소월

교정 하연정

펴낸이 서영희 | **펴낸곳** 와이 앤 엠

본문인쇄 신화 인쇄 | 제책 세림 제책

주소 120-100 서울시 서대문구 홍은동 376-28

전화 (02)308-3891 | Fax (02)308-3892

E-mail yam3891@naver.com

등록 2007년 8월 29일 제312-2007-00004호

ISBN 979-11-971265-1-2 63710

본사는 출판물 윤리강령을 준수합니다.